●●●● はじめに

　人は他者と言葉を紡ぎ合う過程で、相手に対する理解ナに自らについての認識も深化させていきます。その過程においてるシグナルを正確に受け止め、瞬時に理解して、自分の反応を的性と柔軟なコミュニケーション力が重要です。つまり「精聴するります。英語ネイティブとの対話においてもしかりです。英語円滑な対人コミュニケーションにとって大変重要です。

　著者は、今まで幾度となく一月程度の海外語学研修プログラムで、アメリカやイギリス、そしてオーストラリアに学生を引率して行きました。彼らは現地でホームステイをします。毎回のことでしたが、ホームステイが始まって間もない頃、必ずと言っていいほど数人の学生が助けを求めて私のホームステイ先に電話をかけてきます。ホストマザーやホストファーザーが言っていることを聴きとれないのでどうしていいのか分からないとの内容です。また、次のようなエピソードもあります。ランチタイムの時、ある学生がカフェでサンドイッチを買っていたので、「今日はホストマザーにランチを作ってもらわなかったの？」と尋ねたところ、「昨晩、何か尋ねられたんですが、よく分からないままに OK と言ったところ、今日はランチがなかった」とのことでした。日常的に使われている英語はさほど難しくないので、その学生の〈聴く力〉が不足していたのは明白です。帰国後のミーティングでは、参加した学生の多くが、「事前にもう少し英語のリスニング力を身に着けておくべきだった」と言っていたのを思い出します。

　旅先では思わぬ形で現地の人と関わる機会が山ほどあります。そのような時は、相手の言っている情報をどれだけ正確に聞き取れるか否かが、少々オーバーな表現かもしれませんが死活問題になると言ってもいいでしょう。多様なダイアログに触れ、ネイティブの発話パターンに慣れていくことで、英語を英語のままに「聞きとる力」、「理解する力」を育んでいくことが大切です。そうすることで「英語耳」の筋肉が発達し、英語脳が育っていきます。ごくありふれた日常的で身近なトピックのもとに展開するバリエーション豊かなダイアログを多聴することが、「英語耳」の筋トレに繋がります。

　以上のようなことから、このテキストは語学学習における４技能の中で、特にリスニングとスピーキングのスキルを向上させ、音声中心のコミュニケーション活動に繋げることを目的としています。作成に当たっては、著者のアメリカやイギリス、そしてオーストラリアなどでの生活体験、民間企業の海外営業部で働いた経験、先にも述べたように、海外の大学に日本人学生を引率していった経験、また、日本の大学における授業体験などから得たことをできるだけ多く取り入れました。また、学習者が無理なく英語学習に取り組むことができ、英語ネイティブが日常的に使うオーセンティックな英語表現を修得できるように心掛けました。

　内容としては、主人公サクラがアメリカ・テキサス州からの留学生、ソフィーと一緒にアメリカに旅行して、ソフィーの兄、マイケルの結婚式に参列したり、ソフィーの姉、リンダが住むロサンゼルスに行ったり、夏休みを利用してサンフランシスコ近郊のバークレーにホームステイしているクラスメートのダイキとタクミに会いに行く、というプロットになっています。今回、英語テキストではあまり取り上げられていないテキサス州を場面設定に加えました。アメリカに興味を持つ学生の知的好奇心を少しでも刺激することができれば幸いです。

各ユニットは4ページで構成され、全部で14のユニットから成ります。

Step 1

音声を聴いて三つの単語を書き取り、ダイアログの空所に書き取った各単語を入れる問題があります。

Step 2

音声を聴いて空所を補充した後、与えられた日本語の文の中から適切な意味を選ぶ問題があります。

Step 3

音声を聴いて五つの単語を書き取り、ダイアログの空所に書き取った各単語を入れる問題があります。また、音声のみを聴いて、質問に対する答を与えられた選択肢の中から選ぶ問題があります。

Step 4

残りのダイアログの音声を聴いて、質問に対する答を与えられた選択肢の中から選ぶ問題があります。

Step 5

音声を聴いて、質問に対する答を与えられた選択肢の中から選ぶ問題があります。

Final Step

音声を聴いて五つの英文あるいは語句を書き取り、ダイアログの空所にそれらを入れる問題があります。また、音声のみを聴いて、質問に対する答を与えられた選択肢の中から選ぶ問題があります。

　本テキストに準備されている音声を聴きながら、英語ネイティブが日常的に使っている表現を繰り返し何度もリスニングをしたり、シャドーイングをしたり、音読したりすれば、リスニングスキルはもちろんのこと、スピーキングスキルも必ず向上します。

　単語や英文の中には何度聴いてもよく聴き取れないものもあるかもしれません。その場合は、先ず、テキストを開かずに音声のみを聴いてください。次にテキストを開いて、聴き取れなかった箇所を確認してください。その後、テキストを閉じてもう一度聴くと、最初に聴き取れなかった箇所が少しずつ聴きとれるようになります。これを繰り返し行っていけば、必ずリスニングの力は上達します。「継続は力なり」。息切れしない程度の練習を毎日行ってみてください。学習者の皆さんの弛み無い努力を期待しています。

　このテキストは学習者の英語習熟度に応じて、半期でも通年でも使用することができます。半期で使用する場合は1ユニットを1回の授業で、通年で使用する場合は、さまざまに工夫を凝らしながら半期でユニット7まで終わることを目安としてください。

　最後に、テキスト作成にあたり様々なアドバイスをしてくださった松柏社の森有紀子氏に心から御礼申し上げます。

2020年10月　　行時　潔

今川　京子

Antony J. Parker

目　次

1 | Hi, Sophie I'm Sakura

東京都内の大学に通うサクラは1年
生。キャンパスのカフェテリアでア
メリカ人の交換留学生ソフィーと知
り合う。ソフィーはアメリカ・テキ
サス州ダラスにある大学の1年生。
彼女は日本語と日本文化を勉強する
ために来日。サクラは高校時代から
の友人、ダイキとタクミにソフィー
を紹介する。

Listing Step 1

次の1〜3のダイアログについて、三つの単語の音声を聴いてそれらを書き取り、意味が通るように各ダ
イアログの空所A〜Cに入れて英文を完成しましょう。

1. **Sophie:** Hi. My name is Sophie.
   Sakura: And I'm Sakura. (A) to meet you.
   Sophie: I'm (B), what's your name (C), please?

   🔊 Audio 1-02

   _____   _____   _____

2. **Sophie:** Is Sakura your (A) name?
   Sakura: No. It's my (B) name.
   Sophie: I (C). What's your family name?

   🔊 Audio 1-03

   _____   _____   _____

3. **Sakura:** Sophie, (A) is Takumi.
   Sophie: Hi, Takumi. It's (B) to meet you.
   Takumi: It's nice to meet you, (C).

   🔊 Audio 1-04

   _____   _____   _____

Listening Step 2

次の 1 ～ 7 の英文の音声を聴いて、（　　）を埋めましょう。次に、各英文の日本語訳を下に与えられている①～⑦から選び、その番号を（　　）に書き入れましょう。

1. It's (　　) (　　) to meet you. 　　　　　　　　　　　　　　　　（　　）

2. I'll introduce (　　) (　　) to you. 　　　　　　　　　　　　　　（　　）

3. Please (　　) (　　) to introduce Sophie. 　　　　　　　　　　　（　　）

4. I (　　) (　　) to meet my mother. 　　　　　　　　　　　　　　（　　）

5. It has been a (　　) (　　). 　　　　　　　　　　　　　　　　　（　　）

6. What have you been (　　) (　　) lately? 　　　　　　　　　　　（　　）

7. She hasn't changed (　　) (　　). 　　　　　　　　　　　　　　（　　）

① 久しぶり！　　　　　　　　　　② 彼女はちっとも変わっていません。
③ ソフィーを紹介させてください。　④ 最近どうしてました？
⑤ お会いできて嬉しいです。　　　　⑥ 私の友人を君に紹介します。
⑦ 私の母に会って欲しいのです。

Listening Step 3

次のダイアログについて、五つの単語の音声を聴いてそれらを書き取り、意味が通るようにダイアログの空所 A ～ E に入れて英文を完成しましょう。次に 1 と 2 の質問の音声を聴き、その答として最も適切なものを a ～ c の中から選びましょう。

In class

Sakura: Good morning, Sophie.

Sophie: Good morning, Sakura. How are you today?

Sakura: Fine, thank you. And you?

Sophie: I'm a bit (A), but I'm all right.

Sakura: Sophie, I want to (B) you to my friend, Daiki.

Sophie: Hi, Daiki. I'm Sophie. (C) to meet you.

Daiki: Good to meet you, too, Sophie.

Sakura: Sophie's from the US. She's (D) Japanese language and (E) here.

Daiki: Where in America are you from, Sophie?

Sophie: Texas. Have you heard of it?

_____　_____　_____　_____　_____

Questions 1-2 Audio 1-07

1. **a.** Yes. Once.　　　**b.** No. Never.　　　**c.** Yes. Quite a few times.

2. **a.** Sophie　　　　**b.** Sakura　　　　**c.** Daiki

Unit 1

Listening Step 4

Audio 1-08

Listening Step 3 の残りのダイアログを聴いて、1 と 2 の質問に対して最も適切な答を a 〜 c の中から選びましょう。

1. Is California far from Texas?
   a. Yes, it is.　　　　**b.** No, it isn't.　　　　**c.** It's not mentioned.

2. Who's been to San Francisco?
   a. Daiki　　　　**b.** Sophie　　　　**c.** Both Daiki and Sophie

Texas

Listening Step 5

Audio 1-09

音声を聴いて、次の 1 〜 5 の英文の応答として最も適切なものをそれぞれ a 〜 c の中から選びましょう。

1. Hi. It's good to meet you.
   a.　　　　**b.**　　　　**c.**

2. What's up?
   a.　　　　**b.**　　　　**c.**

3. How's it going?
   a.　　　　**b.**　　　　**c.**

4. To start with, could you introduce yourself?
   a.　　　　**b.**　　　　**c.**

5. Have a nice weekend.
   a.　　　　**b.**　　　　**c.**

Listening　Final Step

次のダイアログについて、①～⑤の英語の音声を聴いてメモをとり、与えられている日本語の意味に合うようにダイアログの空所 A ～ E に入れましょう。次に 1 と 2 の質問の音声を聴き、その答として最も適切なものを a ～ c の中から選びましょう。

In the student lounge　📶 Audio 1-11

Sakura: 週末はどうだった？

（ A ）?

Sophie: かなり忙しかったけど、最高だったわ。

（ B ）, but（ C ）.

Sakura: 良かった。ソフィー、タクミを紹介するわ。

Good. Sophie, I would like you to meet Takumi.

Takumi: 初めまして、ソフィー。

Nice to meet you, Sophie.

Sophie: どうぞよろしく、タクミ。

Hi, Takumi.

Takumi: 週末はどこかに出かけたの？

（ D ）on the weekend?

Sophie: ええ。浅草の方に行ったわ。

Yes, I did. I went to Asakusa.

Takumi: 人が多かっただろうね。

I bet（ E ）there.

📶 Audio 1-10

① _____

② _____

③ _____

④ _____

⑤ _____

Questions **1-2** 📶 Audio 1-12

1.　**a.** good friends.

　　b. meeting for the first time.

　　c. aren't Sakura's friends.

2.　**a.** Sakura　　　　**b.** Sophie　　　　**c.** Takumi

2 | I'd Like to Get to Know You Better

出会ってすぐに仲良くなったサクラとソフィーは、家族構成、趣味、得意科目、好きな食べ物やスポーツ等様々なことについてお互い尋ね合う。ダイキとタクミもソフィーにいろいろな質問をする。そうこうしているうち、ソフィーが日本に来て早2か月余りが経過。ちょうどその頃、サクラはソフィーを誘って週末に鎌倉へ行く。

Listening Step 1

次の1～3のダイアログについて、それぞれ三つの単語の音声を聴いてそれらを書き取りましょう。次にそれらの単語を意味が通るように各ダイアログの空所A～Cに入れて、英文を完成しましょう。

1. **Sophie:** Hi. How are you (A), Daiki?
   Daiki: Good, Sophie. I've been busy (B) basketball.
   Sophie: Basketball? I never knew you (C) basketball.

   🔊 Audio 1-13

   _____   _____   _____

2. **Takumi:** Have you been to any other (A) in the US?
   Sophie: Yes. I've been to California (B).
   Takumi: (C) in California?

   🔊 Audio 1-14

   _____   _____   _____

3. **Sakura:** When's your birthday?
   Sophie: June 22nd. I'm (A) 20 this year.
   Sakura: Your birthday's (B) up soon. Let's (C) it together.

   🔊 Audio 1-15

   _____   _____   _____

Listening　Step 2

Audio 1-16

次の 1 ～ 7 の英文の音声を聴いて、（　　）を埋めましょう。次に、各英文の日本語訳を下に与えられている①～⑦から選び、その番号を（　　）に書き入れましょう。

1. I haven't seen you (　　) (　　). 　　　　　　　　　　　（　）

2. It's good to (　　) (　　) you again. 　　　　　　　　　（　）

3. It has been about three years since I (　　) you (　　). 　（　）

4. Please (　　) (　　) to Peggy. 　　　　　　　　　　　　（　）

5. Can I ask you a (　　) (　　)? 　　　　　　　　　　　　（　）

6. What was your (　　) (　　) in high school? 　　　　　　（　）

7. What (　　) of (　　) do you like best? 　　　　　　　　（　）

① プライベートな質問をしてもいいですか？ 　② ペギーによろしく。
③ 好きな食べ物は何ですか？ 　　　　　　　　④ ずいぶん久しぶりだね。
⑤ 高校時代の得意科目は何でしたか？ 　　　　⑥ およそ 3 年ぶりにお会いしましたね。
⑦ 久しぶりに連絡があって嬉しいわ。

Listening　Step 3

Audio 1-17

次のダイアログについて、五つの単語の音声を聴いてそれらを書き取り、意味が通るようにダイアログの空所 A ～ E に入れて英文を完成しましょう。次に 1 と 2 の質問の音声を聴き、その答として最も適切なものを a ～ c の中から選びましょう。

At the university cafe

Takumi: What kind of (A) do you like?

Sophie: Anything! My favorite is rock, but I like jazz, too.

Takumi: Do you listen to the Beatles?

Sophie: Of course, I do. I know all the (B) to most of their (C).

Takumi: Cool! It sounds like we have something in (D).

Sakura: You said you'd been to California, right?

Sophie: Yeah. I went to Los Angeles once to see my sister.

Sakura: What does your sister do there?

Sophie: She works for a (E) agency.

Sakura: How long has she been living there?

Sophie: For over two years. She enjoys it very much.

_____ _____ _____ _____ _____

Questions 1-2 Audio 1-18

1. **a.** Yes, he does. 　　　**b.** No, he doesn't. 　　　**c.** We don't know.

2. **a.** less than two years. 　**b.** more than two years. 　**c.** exactly two years.

Unit 2

Listening Step 4

🔊 Audio 1-19

Listening Step 3 の残りのダイアログを聴いて、1 と 2 の質問に対して最も適切な答を a ～ c の中から選びましょう。

1. How many brothers does Sophie have?
    a. One   **b.** Two   **c.** Five

2. The police officer is Sophie's
    a. brother.   **b.** mother.   **c.** father.

Listening Step 5

🔊 Audio 1-20

音声を聴いて、次の 1 ～ 5 の英文の応答として最も適切なものをそれぞれ a ～ c の中から選びましょう。

1. What sports do you like best?
    a.   **b.**   **c.**

2. Where are you from?
    a.   **b.**   **c.**

3. When did you come to Japan?
    a.   **b.**   **c.**

4. What year are you in at university?
    a.   **b.**   **c.**

5. What is your major?
    a.   **b.**   **c.**

Kamakura

Listening Final Step

次のダイアログについて、①〜⑤の英語の音声を聴いてメモをとり、与えられている日本語の意味に合うようにダイアログの空所 A 〜 E に入れましょう。次に 1 と 2 の質問の音声を聴き、その答として最も適切なものを a 〜 c の中から選びましょう。

Sakura: 今週末はどうするの？   🔊 Audio 1-22
What are you doing this weekend?

Sophie: 日曜日は忙しいけど、土曜日は何もないわ。
Well, I'm busy on Sunday, but (A) on Saturday.

Sakura: 鎌倉に行きましょうよ。
Let's go to Kamakura.

Sophie: もちろん。そこは行ってみたいところなの。
Sure. That's one place (B).

Sakura: 一緒にその街を探索しましょう。
(C) together.

Sophie: おもしろそう。行ってみたいお寺をいくつか調べておくわ。
Sounds like fun. (D) to visit.

Sakura: いい考えね。とても多くのお寺がそこにはあるんだもの。
Good idea. There are so many of them there.

Sophie: そこに行くことを考えるだけですでにとてもワクワクしてるわ。
(E) about going there just thinking about it.

🔊 Audio 1-21

① _____

② _____

③ _____

④ _____

⑤ _____

Questions 1-2 🔊 Audio 1-23

1. **a.** all weekend.
   b. on Saturday, but not Sunday.
   c. on Sunday, but not Saturday.

2. **a.** Once
   b. Twice
   c. She has never been there.

3 | After the Finals: The Long-Awaited Summer Trip

学期末テストも今週で終わり。サクラとソフィーはレポートを後一つ残すのみ。一方、ダイキとタクミは既にテストは全て終わり、夏休みの計画について相談。ソフィーは、兄の結婚式に出席するため、夏休みに２週間ほど一時帰国するので、サクラは彼女と一緒にダラスへ行くようにしている。帰路、ロサンゼルスに立ち寄りソフィーのお姉さんのところへも行く予定。ダイキとタクミはサンフランシスコに行く計画を立てている。

Listening | Step 1

次の１～３のダイアログについて、三つの単語の音声を聴いてそれらを書き取り、意味が通るように各ダイアログの空所 A ～ C に入れて英文を完成しましょう。

1. **Sophie:** Did you finish (A) all your tests?　　　　　🔊 **Audio 1-24**
   Daiki: Yes. I just (B) my last one this morning.
   Sophie: Lucky you! Now you're all (C) for the summer vacation.

   _____　_____　_____

2. **Sakura:** Did you finish (A) that report?　　　　　🔊 **Audio 1-25**
   Sophie: No, not yet. Just a little bit more to go.
   Sakura: Don't (B) to ask me if you (C) any help with Japanese.

   _____　_____　_____

3. **Sophie:** Could you (A) me?　　　　　🔊 **Audio 1-26**
   Sakura: Sure. What's up?
   Sophie: I don't (B) this *kanji*. What does it (C)?

   _____　_____　_____

Listening  Step 2 🔊 Audio 1-27

次の 1 ～ 7 の英文の音声を聴いて、（　　　）を埋めましょう。次に、各英文の日本語訳を下に与えられている①～⑦から選び、その番号を（　　　）に書き入れましょう。

1. How many tests do you have (　　　) (　　　)?　　　　　　　　　　(　　)

2. When do you (　　　) (　　　) for a test?　　　　　　　　　(　　)

3. How is your (　　　) (　　　) going?　　　　　　　　　　(　　)

4. I have to submit the (　　　) (　　　) by next Monday.　　　(　　)

5. Where in the US are you planning to visit during the (　　) (　　)? (　　)

6. Where in San Francisco would you (　　　) that I (　　　)?　(　　)

7. I'll be staying at my father's (　　　) (　　　) in Seattle.　(　　)

① シアトルでは父親の友人のお宅に泊まります。　　② テストは全部でいくつあるのですか？
③ サンフランシスコに行ったらどこに行くのがおすすめですか？
④ テスト勉強はいつから始めますか？　　　　　　⑤ 夏休みはアメリカのどこに行く予定ですか？
⑥ 英語の勉強ははかどっていますか？
⑦ 来週の月曜日までにレポートを提出しなければいけません。

Listening  Step 3 🔊 Audio 1-28

次のダイアログについて、五つの単語の音声を聴いてそれらを書き取り、意味が通るようにダイアログの空所 A ～ E に入れて英文を完成しましょう。次に 1 と 2 の質問の音声を聴き、その答として最も適切なものを a ～ c の中から選びましょう。

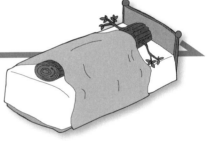

At the university cafe

Sakura: The deadline for the term paper is today, right?

Sophie: Yes. It's due today and I just (A) it in.

Sakura: Way to go! How about that?

Sophie: You know, I (B) up just about the whole night writing it.

Sakura: Really? You must be (C).

Sophie: You bet I am. Have you (D) the expression, "sleep like a log?"

Sakura: I have. And that's what you want to do tonight, right?

Sophie: It sure is. I (E) need a wake-up call tomorrow.

Sakura: All right. We have to be at the travel agency in the morning.

Sophie: Right. I'm going to bed early tonight.

_____　_____　_____　_____　_____

Questions 1-2 🔊 Audio 1-29

1. **a.** Yes, she did.　　　**b.** No, she didn't.　　　**c.** We don't know.

2. **a.** At 9:00 p.m.　　　**b.** Pretty late　　　**c.** After midnight

Listening  Step 4

🔊 Audio 1-30

Listening Step 3 の残りのダイアログを聴いて、1 と 2 の質問に対して最も適切な答を a ～ c の中から選びましょう。

1. What time are Sakura and Sophie meeting the travel agent?
   a. At 10:00 a.m.　　**b.** At 10:13 a.m.　　**c.** At 10:30 a.m.

2. When is Sophie's brother's wedding?
   a. On August 6th　　**b.** On August 8th　　**c.** On August 10th

Listening   Step 5

🔊 Audio 1-31

音声を聴いて、次の 1 ～ 5 の英文の応答として最も適切なものをそれぞれ a ～ c の中から選びましょう。

1. When will you be finished with all of your exams?
   a.　　　　　　　**b.**　　　　　　　**c.**

2. What is your term paper about?
   a.　　　　　　　**b.**　　　　　　　**c.**

3. On what day will you be departing for New York?
   a.　　　　　　　**b.**　　　　　　　**c.**

4. Are you going to London by yourself?
   a.　　　　　　　**b.**　　　　　　　**c.**

5. What's the flight time from here to Paris?
   a.　　　　　　　**b.**　　　　　　　**c.**

San Francisco

Listening　Final Step

次のダイアログについて、①〜⑤の英語の音声を聴いてメモをとり、与えられている日本語の意味に合うようにダイアログの空所 A 〜 E に入れましょう。次に 1 と 2 の質問の音声を聴き、その答として最も適切なものを a 〜 c の中から選びましょう。

After class　🔊 Audio 1-33

Sophie: ダイキとタクミも夏休みにサンフランシスコへ行くみたいね。
Sounds like Daiki and Takumi are going to San Francisco during the summer vacation, too.

Sakura: えっ、そうなの。知らなかったわ。
Is that so? I didn't know that.

Sophie: ちょうど私たちと同じ時期らしいわ。
They'll be there (A).

Sakura: そういえば、アメリカに行くようなことを言ってたわね。
(B), I remember them saying something about going to the US.

Sophie: ねえ。ダラスから戻った時、会いに行ってみようか？
Listen. (C) after Dallas?

Sakura: そうね。車で行くの？
Yeah. OK. Do you want to drive up there?

Sophie: ええ。ロスからだと 6 時間くらいで着くと思うわ。
Sure. (D).

Sakura: 交代で運転できるように国際運転免許証を取っておくわ。
Why don't I get an international driver's license (E)?

🔊 Audio 1-32

① _____

② _____

③ _____

④ _____

⑤ _____

Questions 1-2 🔊 Audio 1-34

1. **a.** In Dallas　**b.** In Los Angeles　**c.** In San Francisco
2. **a.** By bus　**b.** By car　**c.** By plane

15

Unit 4 | Flying to the Lone Star State

学期末テストも全て終わり、ソフィーは兄のマイケルの結婚式に出席するためダラスの両親のところに一時帰省。一緒に行くサクラは初めての海外旅行にワクワク。留学することや海外で働くことを希望する彼女にとって、今回の旅行は夢に近づく大きな一歩だ。ソフィーのご家族に喜んでもらえそうな日本のお土産をスーツケースに詰めて、午前10時55分の羽田発で11時間30分の長旅へいざ出発！

Listening Step 1

次の1～3のダイアログについて、三つの単語の音声を聴いてそれらを書き取り、意味が通るように各ダイアログの空所A～Cに入れて英文を完成しましょう。

1. **Sophie:** Hi, Sakura. How were your (A) exams? 🔊 Audio 1-35
   Sakura: You know how I'm taking Spanish as a (B) language. Well, the exam was (C)!
   Sophie: Don't worry about it too much. You'll be fine.

   ————————— ————————— —————————

2. **Sophie:** Are you (A) yet? 🔊 Audio 1-36
   Sakura: Yep. I sure am. I'm so thrilled to be going (B).
   Sophie: Don't forget to (C) some light long-sleeved T-shirts and sunblock with you.

   ————————— ————————— —————————

3. **Sakura:** Sophie, I've rented a (A) Wi-Fi. 🔊 Audio 1-37
   Sophie: That's very (B) of you!
   Sakura: We should (C) the most of our smartphones.

   ————————— ————————— —————————

Listening  Step 2

次の 1 〜 7 の英文の音声を聴いて、（　　）を埋めましょう。次に、各英文の日本語訳を下に与えられている①〜⑦から選び、その番号を（　　）に書き入れましょう。

1. I'd like to check in for (　　) (　　).　　　　　　　　　　　(　　)

2. Could you mark (　　) (　　) as fragile?　　　　　　　　　(　　)

3. Here are your (　　) (　　).　　　　　　　　　　　　　　(　　)

4. Your flight (　　) (　　) Gate15.　　　　　　　　　　　(　　)

5. Would you put this luggage in the (　　) (　　)?　　　　(　　)

6. Could I get an extra (　　) and (　　)?　　　　　　　　(　　)

7. Will you fasten your (　　) (　　), please?　　　　　　　(　　)

① 割れ物のタグをつけて頂けますか？　　② シートベルトを締めてください。
③ こちらがあなた方の搭乗券です。　　　④ チェックインをお願いします。
⑤ 荷物を棚に入れてもらえますか？　　　⑥ 枕と膝掛けを余分にもう一つずつもらえますか？
⑦ フライトは 15 番ゲートから出発です。

Listening Step 3

次のダイアログについて、五つの単語の音声を聴いてそれらを書き取り、意味が通るようにダイアログの空所 A 〜 E に入れて英文を完成しましょう。次に 1 と 2 の質問の音声を聴き、その答として最も適切なものを a 〜 c の中から選びましょう。

On the plane

Sakura: Let's see... Where are our seats?

Sophie: My boarding (A) says 26G, and yours 26H.

Sakura: Oh, over there! So how long will we be in the air?

Sophie: About twelve hours. We will be arriving at around 3:30 p.m. local time.

Sakura: So we have plenty of time. Let's (B) our itinerary.

Sophie: OK. My parents are picking us up at the airport.

Sakura: And tomorrow we're going to Fort Worth Stockyards to (C) a rodeo show, right?

Sophie: Yeah. And another must-see (D) is the Sixth Floor Museum.

Sakura: What's there?

Sophie: You can (E) all about John F. Kennedy.

_____ _____ _____ _____ _____

Questions 1-2 Audio 1-40

1. a. About 16 hours　　　　**b.** About 12 hours　　　　**c.** About 20 hours

2. a. At Fort Worth Stockyards　　**b.** At the Sixth Floor Museum

　　c. Both at Fort Worth Stockyards and the Sixth Floor Museum

Listening  Step 4

Audio 1-41

Listening Step 3 の残りのダイアログを聴いて、1 と 2 の質問に対して最も適切な答を a 〜 c の中から選びましょう。

1. How soon will the aircraft be landing?
   a. In about 15 minutes
   b. In about 30 minutes
   c. In about 45 minutes

2. What are Sophie and Sakura most likely to do next?
   a. Do some stretches
   b. Moisturize their skin
   c. Have a snack

Listening  Step 5

Audio 1-42

音声を聴いて、次の 1 〜 5 の英文の応答として最も適切なものをそれぞれ a 〜 c の中から選びましょう。

1. Where are you flying to today?
   a.   b.   c.

2. Do you have any seating preference?
   a.   b.   c.

3. How long are you planning to stay?
   a.   b.   c.

4. Passport, please.
   a.   b.   c.

5. What's your occupation?
   a.   b.   c.

Fort Worth Stockyard

Listing 🎵 Final Step

次のダイアログについて、①〜⑤の英語の音声を聴いてメモをとり、与えられている日本語の意味に合うようにダイアログの空所 A 〜 E に入れましょう。次に 1 と 2 の質問の音声を聴き、その答として最も適切なものを a 〜 c の中から選びましょう。

Just after landing at Dallas/Fort Worth International Airport 🔊 Audio 1-44

Sophie: さてと、忘れ物ないよね？
Let's see... (A)?

Sakura: バッチリよ。さあ行こう。まず最初に入国審査ね。
Yep! Let's go. First, Immigration Control.

At Immigration Control

Officer: 右の親指をスクリーンの上に置いてください。
(B) on the screen.

Officer: 次に残りの 4 本の指をスクリーンの上に置いてください。
Then put the other four fingers on the screen.

Officer: カメラの前に立ちカメラの方を見上げてください。
(C) and look up.

Sakura: なんで入国審査官は無表情なのかしら。ソワソワして落ち着かなかったわ。
(D) so poker-faced? I felt really uneasy.

Sophie: そういうものよ。さあ、手荷物を受け取りに行きましょう。
That's how it is. (E).

Sakura: ええ。私たちは 8 番ゲートのようね。
OK. Looks like we have to go to Carousel Number 8.

Immigration Control

🔊 Audio 1-43

① _____

② _____

③ _____

④ _____

⑤ _____

Questions 1-2 🔊 Audio 1-45

1. **a.** Five   **b.** Four   **c.** One
2. **a.** At Immigration   **b.** After Immigration   **c.** Before Immigration

Unit 5

At Sophie's Home in Dallas

ダラス・フォートワース国際空港に同日の午前 8 時 30 分に無事到着。入国審査を通過してアメリカ国内に。ダラスのあるテキサス州は、人口ではカリフォルニア州、面積ではアラスカ州に次いで全米第 2 の州。到着ゲートでソフィーの両親、スコットとリズ・ホワイト夫妻が出迎えてくれた。空港から 1 時間程でご自宅に到着。リズさん手作りのおいしいケーキに舌鼓。長旅の疲れも忘れいろいろな話、特にマイケルとブレンダの結婚の話で盛り上がる。

Dallas/Fort Worth International Airport

Listening Step 1

次の 1 ～ 3 のダイアログについて、三つの単語の音声を聴いてそれらを書き取り、意味が通るように各ダイアログの空所 A ～ C に入れて英文を完成しましょう。

In the arrival lounge

1. **Scott:** Hi, Honey. Welcome home. How have you been?　　🔊 Audio 1-46
   Sophie: (A)! But I'm a bit (B) after the long flight. And you, Dad?
   Scott: Just fine. Liz's been (C) to meet Sakura.

   _____ _____ _____

2. **Sakura:** Hello, Mrs. White. It's very nice to meet you.　　🔊 Audio 1-47
   Liz: Very (A) to meet you, too, Sakura. (B) to Texas.
   Sakura: Thank you. I'm so (C) to be here.

   _____ _____ _____

3. **Scott:** Are you ladies about (A) to go?　　🔊 Audio 1-48
   Sophie: Sure. Could you stop by Joe's on the (B) home?
   Scott: Joe's? You mean the (C) on the corner of 8th and Laguna?

   _____ _____ _____

Listening Step 2

次の 1 ～ 7 の英文の音声を聴いて、（　　）を埋めましょう。次に、各英文の日本語訳を下に与えられている①～⑦から選び、その番号を（　　）に書き入れましょう。

1. Texas is the (　　) (　　) state in the US.　　　　　　　　　　　(　　)

2. (　　) is the (　　) of Texas?　　　　　　　　　　　　　　　　(　　)

3. The (　　) (　　) between Dallas and Japan is 15 hours.　　　(　　)

4. Do people in Texas have a (　　) (　　)?　　　　　　　　　(　　)

5. In Texas, there are still cowboys (　　) (　　) ranches.　　　(　　)

6. Rodeo is a (　　) North American (　　).　　　　　　　　　(　　)

7. How deep are the (　　) (　　) in Texas?　　　　　　　　　(　　)

① テキサス州の州都はどこですか？
② テキサス州に住んでいる人は南部なまりがありますか？
③ ロデオは伝統的な北アメリカのスポーツです。
④ テキサス州の油井の深さはどれくらいですか？
⑤ テキサス州はアメリカで 2 番目に大きな州です。
⑥ テキサス州には今も牧場で働いているカウボーイがいます。
⑦ ダラスと日本の時差は 15 時間です。

Listening Step 3

次のダイアログについて、五つの単語の音声を聴いてそれらを書き取り、意味が通るようにダイアログの空所 A ～ E に入れて英文を完成しましょう。次に 1 と 2 の質問の音声を聴き、その答として最も適切なものを a ～ c の中から選びましょう。

In the living room

Liz:　　　Would you like to have a (A) before lunch?

Sophie:　Sure. Why not? Do you have any carrot cake?

Liz:　　　We sure do. I thought you would say that, so I made some for you.

Sophie:　Thank you, Mom. Your carrot cake is the best.

Liz:　　　How about you, Sakura? Would you like some, too?

Sakura:　Yes, please. I have a sweet (B), and I'm also very fond of carrot cake.

Liz:　　　All right. Let me give the two of you (C) pieces.

Sophie:　Where is Dad? Has he gone out?

Liz:　　　He just went on an (D). He'll be back in no time.

Sakura:　Shall we wait for him to get back?

Liz:　　　No. You can go (E) and eat.

_____　_____　_____　_____　_____

Questions 1-2 🔊 Audio 1-51

1. **a.** Sophie　　　　**b.** Sakura　　　　**c.** Both Sophie and Sakura

2. **a.** an hour.　　　　**b.** a few hours.　　　**c.** a few minutes.

Listening  Step 4

Audio 1-52

Listening Step 3 の残りのダイアログを聴いて、1 と 2 の質問に対して最も適切な答を a ～ c の中から選びましょう。

1. When Brenda met Michael, she was in her
   a. second year at university.
   b. third year at university.
   c. fourth year at university.

2. Where is Brenda from?
   a. Houston
   b. Dallas
   c. Oklahoma

Listening Step 5

 Audio 1-53

音声を聴いて、次の 1 ～ 5 の英文の応答として最も適切なものをそれぞれ a ～ c の中から選びましょう。

1. This is a present for you.
   a.　　　　　　　**b.**　　　　　　　**c.**

2. Is this your first trip to America?
   a.　　　　　　　**b.**　　　　　　　**c.**

3. You must be tired from the long journey.
   a.　　　　　　　**b.**　　　　　　　**c.**

4. Would you like another piece of cake?
   a.　　　　　　　**b.**　　　　　　　**c.**

5. Do you want to take a nap for a while?
   a.　　　　　　　**b.**　　　　　　　**c.**

Oklahoma

Baptist University

Listing 🖋 Final Step

次のダイアログについて、①〜⑤の英語の音声を聴いてメモをとり、与えられている日本語の意味に合うようにダイアログの空所 A 〜 E に入れましょう。次に 1 と 2 の質問の音声を聴き、その答として最も適切なものを a 〜 c の中から選びましょう。

In the living room 🔊 Audio 1-55

Liz: アメリカで勉強したいようね。
I've heard you want to study in America.

Sakura: はい。高校に入ってからずっと考えていました。
Yes. (A) since I entered high school.

Liz: どんなことを学びたいの？
(B)?

Sakura: まだ決めてないのですが、まず英語でのコミュニケーション能力を高めたいと思っています。
I haven't decided yet, but first (C) in English.

Liz: ダラスで勉強したらどう？ここには立派な大学があるわ。
Why don't you study in Dallas? (D) here.

Sakura: ありがとう、リズさん。考えてみます。
Thank you, Liz. I'll think about it.

Scott: 卒業後はどんなことがしたいんだい？
What would you like to do after you graduate?

Sakura: メディア関係の仕事に就くか、海外で働きたいと思っています。
I want to work for a media-related company, or work overseas.

Scott: 私の親友がここのテレビ局で働いているんだ。紹介しよう。
I have a good friend (E) here in Dallas. Let me introduce you to him.

🔊 Audio 1-54

① _____

② _____

③ _____

④ _____

⑤ _____

Questions 1-2 🔊 Audio 1-56

1. **a.** Communicating in English　　**b.** Studying in Dallas　　**c.** Graduating
2. **a.** Sophie　　　　　　　　　　　**b.** Scott　　　　　　　　　**c.** Scott's friend

6 | Life in the Big D

マイケルとブレンダの結婚式は素晴らしかった。今日はスコットとリズ、そしてソフィーの姉、リンダと一緒にお出かけ。夕食は街のおしゃれなレストランでステーキディナーにするらしい。テキサス州のステーキはボリュームがかなりあるらしいが、全部食べられるかなあ？　ステーキは焼き方を尋ねられるので決めておかないと。ポテトはフライドポテトなのかなあ？

Listening Step 1

次の 1 〜 3 のダイアログについて、三つの単語の音声を聴いてそれらを書き取り、意味が通るように各ダイアログの空所 A 〜 C に入れて英文を完成しましょう。

🔊 Audio 1-57

1. **Sophie:** Brenda was so beautiful in her wedding (A), wasn't she?
   Sakura: She certainly was. I want to wear a wedding dress like (B) someday, too.
   Sophie: You'll have to find a good (C) first.

   ＿＿＿＿＿＿　＿＿＿＿＿＿　＿＿＿＿＿＿

2. **Sakura:** I (A) the bouquet (B) by Brenda.   🔊 Audio 1-58
   Linda: You know what that (C), right?
   Sakura: Of course. It means that it's my turn to get married next.

   ＿＿＿＿＿＿　＿＿＿＿＿＿　＿＿＿＿＿＿

3. **Sakura:** Are they going on a (A)?   🔊 Audio 1-59
   Sophie: Yeah. They're off to (B) next Monday.
   Sakura: A lot of Japanese (C) go there, too.

   ＿＿＿＿＿＿　＿＿＿＿＿＿　＿＿＿＿＿＿

Listening  Step 2 ⊗ Audio 1-60

次の 1 ～ 7 の英文の音声を聴いて、（　　）を埋めましょう。次に、各英文の日本語訳を下に与えられている①～⑦から選び、その番号を（　　）に書き入れましょう。

1. I have (　　) (　　) a church wedding. 　　　　　　　　　　(　　)

2. Thomas asked Bob to be the (　　) (　　) at his wedding. 　(　　)

3. There is (　　) (　　) after the wedding reception in Japan. 　(　　)

4. The bride (　　) (　　) three times. 　　　　　　　　　　(　　)

5. We (　　) (　　) holding a wedding ceremony next month. 　(　　)

6. What is the (　　) (　　) a bridesmaid? 　　　　　　　　(　　)

7. Although they quarrel, they (　　) (　　) in no time. 　　　(　　)

① 花嫁は 3 度お色直しをした。　　　　　　② 彼らはケンカをするがすぐに仲直りをする。
③ 教会での結婚式に参加したことは今までありません。　④ 日本では結婚式の披露宴の後 2 次会がある。
⑤ 花嫁の付添人の役割は何ですか？
⑥ トーマスはボブに彼の結婚式で花婿の付添人になるようにお願いした。
⑦ 私たちは来月結婚式を挙げる予定です。

Listening Step 3 ⊗ Audio 1-61

次のダイアログについて、五つの単語の音声を聴いてそれらを書き取り、意味が通るようにダイアログの空所 A ～ E に入れて英文を完成しましょう。次に 1 と 2 の質問の音声を聴き、その答として最も適切なものを a ～ c の中から選びましょう。

In the car

Scott: Did you like the rodeo we (A) to the other day?

Sakura: I sure did. And I was very (B) with the cowgirls riding bulls.

Scott: You know, Linda tried becoming a bull rider once.

Linda: That's right. I (C) to be a cowgirl when I was little.

Sakura: Really?

Linda: Yep! But after I (D) off a bull and broke my back, I quit.

Scott: All right, ladies. Here we are, the Sixth Floor Museum.

Sakura: Is this museum popular with tourists?

Scott: You (E) it is. More than 400,000 people visit here on average every year.

Linda: That shows you how popular former President Kennedy was.

_____ _____ _____ _____ _____

Questions 1-2 ⊗ Audio 1-62

1. **a.** Linda 　　　　　**b.** Sophie 　　　　　**c.** Scott

2. **a.** The rodeo 　　　**b.** The Six Floor Museum 　**c.** John F. Kennedy's Place

Listening  Step 4

🔊 **Audio 1-63**

Listening Step 3 の残りのダイアログを聴いて、1 と 2 の質問に対して最も適切な答を a ～ c の中から選びましょう。

1. What time is it now?
   a. About 5:20 p.m.　　**b.** About 5:40 p.m.　　　**c.** About 6:00 p.m.

2. What are they most likely to do next?
   a. Go home　　　　**b.** Go to David's house　　**c.** Call up the restaurant

Listening Step 5

🔊 **Audio 1-64**

音声を聴いて、次の 1 ～ 5 の英文の応答として最も適切なものをそれぞれ a ～ c の中から選びましょう。

1. I'd like to make a reservation for tomorrow.
   a.　　　　　　　**b.**　　　　　　　**c.**

2. I'm sorry, but we are full now. Would you mind waiting?
   a.　　　　　　　**b.**　　　　　　　**c.**

3. Could I take a look at the menu?
   a.　　　　　　　**b.**　　　　　　　**c.**

4. Would you like something for dessert?
   a.　　　　　　　**b.**　　　　　　　**c.**

5. Can I get a doggy bag?
   a.　　　　　　　**b.**　　　　　　　**c.**

Listening | Final Step

次のダイアログについて、①〜⑤の英語の音声を聴いてメモをとり、与えられている日本語の意味に合うようにダイアログの空所 A 〜 E に入れましょう。次に 1 と 2 の質問の音声を聴き、その答として最も適切なものを a 〜 c の中から選びましょう。

At David's

🔊 Audio 1-66

Scott: やあ、ジョージ。今日は調子どう？

Hi, George. How are you doing today?

Waiter: こんにちは、ホワイトさん。お待ちしておりました。

Hello, Mr. White. (A).

Scott: 今日は窓際の 5 人の席を予約してたんだけど。

(B) today, by the window.

Waiter: はい。準備しております。まずはお飲み物からいかがですか？

That's right. We're ready, Sir. (C)?

A few minutes later

Waiter: ステーキはどのように調理されますか？

How would you like your steak, Miss?

Sakura: ミディアムウェルでお願いします。

I'd like to (D).

Waiter: フレンチポテト、ベイクドポテト、マッシュポテトのどれになさいますか？

Would you like to have fries, a baked potato, or mashed potato?

Sakura: ベイクドポテトにします。それから、サラダにはイタリアンドレッシングをお願いします。

A baked potato, please. And (E).

🔊 Audio 1-65

① _____

② _____

③ _____

④ _____

⑤ _____

Questions 1-2 🔊 Audio 1-67

1. **a.** Three   **b.** Four   **c.** Five
2. **a.** Medium-rare   **b.** Medium   **c.** Medium-well

Off to Sophie's Sister's Place in Los Angeles

マイケルとブレンダの感動的な結婚式の数日後、サクラとソフィーはソフィーの姉リンダと一緒にリンダが住んでいるロサンゼルスへ。リンダは旅行代理店に勤務していて1週間の有給休暇中。彼女はロサンゼルス空港近くのパーキングに駐車していた車をピックアップし、二人を連れて市内観光。夕方サンタモニカ・ビーチの近くにある彼女のアパートに到着。そこは非常に過ごしやすそうな環境でサクラとソフィーはとても気に入る。

Santa Monica Beach

Listening Step 1

次の 1 ～ 3 のダイアログについて、三つの単語の音声を聴いてそれらを書き取り、意味が通るように各ダイアログの空所 A ～ C に入れて英文を完成しましょう。

1. **Sophie:** That was such a (A) wedding.
   Sakura: It sure was. I was so (B).
   Sophie: My parents looked so (C), too.

   🔊 Audio 1-68

   _____ _____ _____

2. **Sakura:** How long did they (A) before they got (B)?
   Sophie: A little less than two years.
   Sakura: What did Michael say when he (C) to Brenda?

   🔊 Audio 1-69

   _____ _____ _____

3. **Sakura:** What's the flight (A) from Dallas to Los Angeles?
   Sophie: I think it's about three and a half (B).
   Sakura: It's kind of a (C) flight, isn't it?

   🔊 Audio 1-70

   _____ _____ _____

Listening  Step 2

次の 1 ～ 7 の英文の音声を聴いて、（　）を埋めましょう。次に、各英文の日本語訳を下に与えられている①～⑦から選び、その番号を（　）に書き入れましょう。

1. Would you like something (　　) (　　)?　　　　　　　　　　　　（　）

2. I'm afraid you are in the (　　) (　　).　　　　　　　　　　　　（　）

3. Would you (　　) (　　) the blind, please?　　　　　　　　　　（　）

4. We'll (　　) (　　) in about fifteen minutes.　　　　　　　　　（　）

5. Please be sure to take all (　　) (　　) when leaving the aircraft.　（　）

6. We made it to Los Angeles (　　) (　　).　　　　　　　　　　　（　）

7. Why don't you (　　) (　　) while I go get the car?　　　　　　（　）

① お降りの際は、お忘れ物がないように今一度お確かめください。
② あと 15 分ほどで着陸します。　　　　③ すみませんが、お席が間違っているようです。
④ お飲み物は何になさいますか？　　　　⑤ やっとロサンゼルスに着いたわ。
⑥ 車を取りに行っている間ここで待ってて。
⑦ ブラインドを閉めていただいてもよろしいですか？

Listening  Step 3

次のダイアログについて、五つの単語の音声を聴いてそれらを書き取り、意味が通るようにダイアログの空所 A ～ E に入れて英文を完成しましょう。次に 1 と 2 の質問の音声を聴き、その答として最も適切なものを a ～ c の中から選びましょう。

Outside the terminal building

Sophie: Here comes Linda. Are you ready?

Sakura: Almost. Just let me put the luggage in the (A) first.

Sophie: OK... All done! Let's get in the (B).

In the car

Linda: I'll take you to some of the more famous (C) in the area.

Sophie: Thanks, Linda. Where are we going to go first?

Linda: To the (D) area, where Los Angeles started out.

Sakura: Are we going to Olvera Street?

Linda: We sure are. Little Tokyo and Chinatown are near there.

Sophie: What about some popular (E) spots in Hollywood?

Linda: We're going there, and Beverly Hills as well.

_____ _____ _____ _____ _____

Questions 1-2 🔊 Audio 1-73

1. **a.** Sophie　　　**b.** Sakura　　　**c.** Linda

2. **a.** One　　　**b.** Two　　　**c.** Three

Listening  Step 4

Listening Step 3 の残りのダイアログを聴いて、1 と 2 の質問に対して最も適切な答を a 〜 c の中から選びましょう。

1. What are they most likely to do next?
   a. Enjoy driving
   b. Get something to eat and drink
   c. Visit more places

2. It takes only about five minutes to get to Farmer's Market
   a. by car.
   b. on foot.
   c. by bicycle.

Farmer's Market

Listening  Step 5

音声を聴いて、次の 1 〜 5 の英文の応答として最も適切なものをそれぞれ a 〜 c の中から選びましょう。

1. How far is it to Universal Studio from here?
   a.　　　　　　　**b.**　　　　　　　**c.**

2. Are we going to Disneyland?
   a.　　　　　　　**b.**　　　　　　　**c.**

3. Do a lot of movie stars live in the Hollywood area?
   a.　　　　　　　**b.**　　　　　　　**c.**

4. How many lanes are there on this highway?
   a.　　　　　　　**b.**　　　　　　　**c.**

5. Which way takes you to Mexico?
   a.　　　　　　　**b.**　　　　　　　**c.**

Beverly Hills

Olvera Street

Listening   Final Step

次のダイアログについて、①〜⑤の英語の音声を聴いてメモをとり、与えられている日本語の意味に合うようにダイアログの空所 A 〜 E に入れましょう。次に 1 と 2 の質問の音声を聴き、その答として最も適切なものを a 〜 c の中から選びましょう。

🎧 Audio 1-77

Linda: 今、サンセット大通りを走っているのよ。

We are now driving along Sunset Boulevard.

Sophie: 姉さんの家まであとどれくらい？

(A) to your place?

Linda: あと 15 分くらいで着くわ。

We'll be home in (B).

Sophie: サンタモニカ・ビーチに立ち寄る時間ある？

Do we have time to drop in at Santa Monica Beach?

Linda: 今日はないわ。明日いくつかビーチには連れていくつもりよ。

No, not today. (C) tomorrow, though.

Sakura: 楽しみにしています。

(D).

Linda: さあ、着いたわ。私のアパートよ。

Well, here we are. This is my apartment.

Sakura: すっごい！ここから海が見えるわ。とってもロマンチック！

Wow! (E). How romantic!

🎧 Audio 1-76

① _____

② _____

③ _____

④ _____

⑤ _____

Questions 1-2 🎧 Audio 1-78

1. **a.** In the living room
   b. In the kitchen
   c. In the car

2. **a.** Stay home
   b. Go to the beach
   c. Drive along Sunset Boulevard

Unit 8
Getting Around in Southern California

朝早く目覚めたサクラとソフィーは散歩に出かける。30分ほどしてアパートに戻りリンダと一緒に朝食を作る。3人で楽しく朝食を済ませた後、出発。今日はサンディエゴまで続く南カリフォルニアのビーチを満喫するドライブ。時間のゆとりがあればメキシコのティワナまで足を延ばす予定。メキシコに行くとなれば国境を越えるのでパスポートを忘れないようにしないと。

Listening Step 1

次の 1 〜 3 のダイアログについて、三つの単語の音声を聴いてそれらを書き取り、意味が通るように各ダイアログの空所 A 〜 C に入れて英文を完成しましょう。

About 6:00 a.m.

1. **Sophie:** Are you up (A)?
   Sakura: Yes, I am. I thought I heard the sound of (B).
   Sophie: Me, too. What a (C)!

   ＊ Audio 2-01

   —————————　—————————　—————————

2. **Sakura:** Do you want to take a (A) outside?
   Sophie: I was just (B) about that.
   Sakura: All right. Let's (C).

   ＊ Audio 2-02

   —————————　—————————　—————————

3. **Sakura:** Let's (A) back.
   Sophie: All right. Linda may be (B) for us.
   Sakura: We don't want her to (C) about us, do we?

   ＊ Audio 2-03

   —————————　—————————　—————————

Listening  Step 2

Audio 2-04

次の 1 〜 7 の英文の音声を聴いて、( ) を埋めましょう。次に、各英文の日本語訳を下に与えられている①〜⑦から選び、その番号を ( ) に書き入れましょう。

1. This is a ( ) ( ) to live, isn't it?　　　　　　　　　　( )

2. We went ( ) a ( ) along the beach.　　　　　　　　( )

3. We found the sea ( ) ( ).　　　　　　　　　　　　　( )

4. We saw some people ( ) ( ).　　　　　　　　　　　( )

5. I often go to the beach to ( ) on the ( ).　　　　　( )

6. What would you like to have ( ) ( )?　　　　　　( )

7. Can I have my eggs ( ) ( )?　　　　　　　　　　　( )

① 私たちは数人の人がヨットを楽しんでいるのを見ました。
② 海はとても穏やかでした。　　　③ 朝食は何がいいですか？
④ 浜辺をゆっくりと散歩してきました。　　⑤ ここは住みやすいところですね。
⑥ 卵は半熟の目玉焼きでお願いできますか？　⑦ 週末には日光浴をしによく浜辺に行くのよ。

Listening Step 3

Audio 2-05

次のダイアログについて、五つの単語の音声を聴いてそれらを書き取り、意味が通るようにダイアログの空所 A 〜 E に入れて英文を完成しましょう。次に 1 と 2 の質問の音声を聴き、その答として最も適切なものを a 〜 c の中から選びましょう。

In the kitchen

Linda:	What would you like to have for breakfast, you two?
Sophie:	Whatever. How about you, Sakura?
Sakura:	(A) will be fine.
Linda:	All right. I'll fix some bacon and eggs, and pancakes.
Sophie:	By the way, what are we doing today?
Linda:	I'm taking you to some of the beaches along the (B) down to San Diego.
Sophie:	Hooray! Are we going to La Jolla?
Linda:	We sure are. We can (C) cross the border to visit Tijuana, if you like.
Sakura:	That's in Mexico, right?
Linda:	It (D) is. Make sure you have your passport with you.
Sakura:	Got it... Oh, yes! I can (E) wait.

_____　_____　_____　_____　_____

Questions 1-2 Audio 2-06

1. **a.** Bacon, eggs, and pancakes　　　**b.** Bacon, eggs, and French toast
   c. Bacon, sausages, and pancakes

2. **a.** San Diego.　　　**b.** Mexico.　　　**c.** La Jolla.

Listening  **Step 4** 🔊 **Audio 2-07**

Listening Step 3 の残りのダイアログを聴いて、1と2の質問に対して最も適切な答を a～c の中から選びましょう。

1. Sakura and Sophie will be staying at Linda's place for
   a. three more days.　　**b.** five more days.　　**c.** seven more days.

2. How are Sakura and Sophie getting up to San Francisco?
   a. By bus　　　　　　**b.** By train　　　　　**c.** By car

Listening **Step 5** 🔊 **Audio 2-08**

音声を聴いて、次の 1～5 の英文の応答として最も適切なものをそれぞれ a～c の中から選びましょう。

1. How would you like your eggs?
   a.　　　　　　**b.**　　　　　　**c.**

2. Would you like to have coffee or tea?
   a.　　　　　　**b.**　　　　　　**c.**

3. How do you have your coffee?
   a.　　　　　　**b.**　　　　　　**c.**

4. Shall we share the driving?
   a.　　　　　　**b.**　　　　　　**c.**

5. How long does it take to get to San Diego from here?
   a.　　　　　　**b.**　　　　　　**c.**

La Jolla

Venice Beach

Listening | Final Step

次のダイアログについて、①〜⑤の英語の音声を聴いてメモをとり、与えられている日本語の意味に合うようにダイアログの空所 A 〜 E に入れましょう。次に 1 と 2 の質問の音声を聴き、その答として最も適切なものを a 〜 c の中から選びましょう。

At a café near Laguna Beach 🔊 Audio 2-10

Sakura: サンタモニカのすぐ隣にあったビーチの名前は何だったっけ？

What's the name of that beach right next to Santa Monica?

Sophie: 筋肉ムキムキの男女がたくさんいたところ？

Do you mean the (A) and women?

Sakura: ええ、そこよ。

Yeah, that's the one.

Sophie: ベニスビーチよ。ハリウッドスターもたまにそこに行って筋トレするみたい。

Oh, that's Venice Beach. I've heard some Hollywood stars (B), too.

Sakura: そうなの？　もしかしたら有名人がちょっと前そこにいたかもね。

Really? We might have (C).

Linda: さて、ラホーヤの方に向かって行きましょう。

All right. Let's (D) La Jolla.

Sophie: 途中、他のビーチに立ち寄るの？

Are we going to stop by (E)?

Linda: いいえ。ラホーヤに直行して、そしてティワナよ。

Nope. We are going straight down to La Jolla, and then to Tijuana.

🔊 Audio 2-09

① _____

② _____

③ _____

④ _____

⑤ _____

Questions 1-2 🔊 Audio 2-11

1. **a.** Sit at the café   **b.** Work out   **c.** Work

2. **a.** One   **b.** Two   **c.** None

9 | Let's Grab a Bite

ロサンゼルスの海沿いの街サンタモニカでの一日は、一刻一刻がまるで映画のワンシーンのよう！ 普段は朝が苦手なサクラだが、ここに滞在中は早朝のビーチを散策しながら潮風に吹かれ、吸い込まれそうな青空と海を満喫するのが日課になっている。今朝はリンダに誘われ、ソフィーと3人でサンタモニカ・ピアでの早朝ビーチヨガに参加した後、帰宅。さあ、今日をどんな日にしようかな。

Listening　Step 1

次の1〜3のダイアログについて、三つの単語の音声を聴いてそれらを書き取り、意味が通るように各ダイアログの空所A〜Cに入れて英文を完成しましょう。

🔊 Audio 2-12

1. **Sakura:** Los Angeles is often chosen as a location for (A), right?
   Linda: Right. Santa Monica Pier was one of the locations for *Forest Gump*.
   Sophie: I liked that movie. "Life is like a box of (B)" is my (C) quote from the movie.

   _____　_____　_____

2. **Linda:** I need to go into the (A) for a few hours.
   Sophie: I'll make a packed (B) for you. Will peanut butter and jelly sandwiches do?
   Linda: Thanks a (C). You're the best, Sis.

   _____　_____　_____

   🔊 Audio 2-13

3. **Sakura:** Sophie, I'm getting hungry.
   Sophie: So am I. What do you (A) to have for lunch?
   Sakura: Actually, I'd like to (B) In-N-Out Burger a (C).

   _____　_____　_____

   🔊 Audio 2-14

Listening  Step 2 📶 Audio 2-15

次の 1 ～ 7 の英文の音声を聴いて、（　　）を埋めましょう。次に、各英文の日本語訳を下に与えられている①～⑦から選び、その番号を（　　）に書き入れましょう。

1. Do you have a (　　) (　　)?　　　　　　　　　　　　　　　　（　　）

2. What do you (　　) (　　) lunch?　　　　　　　　　　　　　（　　）

3. There aren't any (　　) (　　) at the moment.　　　　　　　（　　）

4. What would you (　　) to (　　)?　　　　　　　　　　　　　（　　）

5. Do you have any combos (　　) the (　　)?　　　　　　　　（　　）

6. Is this (　　) still (　　)?　　　　　　　　　　　　　　　　（　　）

7. For (　　) or to (　　)?　　　　　　　　　　　　　　　　　（　　）

① 店内でお召し上がりですか、それともお持ち帰りですか？　　② ご注文をどうぞ。
③ 禁煙席はありますか？　　　　　　　　　　　　　　　　　　④ このクーポンはまだ使えますか？
⑤ ただ今満席です。　　　　　　　　　　　　　　　　　　　　⑥ セットメニューはありますか？
⑦ ランチは何がオススメですか？

Listening Step 3 📶 Audio 2-16

次のダイアログについて、五つの単語の音声を聴いてそれらを書き取り、意味が通るようにダイアログの空所 A ～ E に入れて英文を完成しましょう。次に 1 と 2 の質問の音声を聴き、その答として最も適切なものを a ～ c の中から選びましょう。

At a hamburger shop

Clerk: Hi. What can I get for you?

Sakura: Can I have a cheeseburger with (A) lettuce and a small Coke?

Clerk: OK... And for you, Miss?

Sophie: Well, I'd like a hamburger without onion and a Coke.

Clerk: What (B) Coke?

Sophie: Medium, please. And can I have some French (C)?

Clerk: Sure. Anything (D)?

Sophie: That's (E). Thank you.

Clerk: All right. That'll be $12.85 altogether.

Sakura: OK. Here is $15.

_____ _____ _____ _____ _____

Questions 1-2 📶 Audio 2-17

1. **a.** Sakura　　　**b.** Sophie　　　**c.** Both Sakura and Sophie

2. **a.** $12.85　　　**b.** $15.00　　　**c.** $20.15

Listening  Step 4

🔊 Audio 2-18

Listening Step 3 の残りのダイアログを聴いて、1 と 2 の質問に対して最も適切な答を a ～ c の中から選びましょう。

1. What does Linda recommend at Urth Caffé?
   a. Organic coffee and fine tea
   b. Apple pie and blueberry cheesecake
   c. Boba

2. Who is having boba?
   a. Linda
   b. Sakura
   c. Both Linda and Sakura

Urth Caffé

Boba

Listening Step 5

🔊 Audio 2-19

音声を聴いて、次の 1 ～ 5 の英文の応答として最も適切なものをそれぞれ a ～ c の中から選びましょう。

1. How many people are there in your party?
   a.   **b.**   **c.**

2. What else?
   a.   **b.**   **c.**

3. Could you wrap this to take out?
   a.   **b.**   **c.**

4. May I take your order?
   a.   **b.**   **c.**

5. How would you like to pay?
   a.   **b.**   **c.**

Listening 🎿 Final Step

次のダイアログについて、①〜⑤の英語の音声を聴いてメモをとり、与えられている日本語の意味に合うようにダイアログの空所 A 〜 E に入れましょう。次に 1 と 2 の質問の音声を聴き、その答として最も適切なものを a 〜 c の中から選びましょう。

At Urth Caffé 🔊 Audio 2-21

Staff: お次の方どうぞ。こんにちは。ご注文はお決まりですか？
(A). Hi, there! Are you ready to order?

Sakura: オーガニック・アールグレイ・ボバを一杯お願いします。
Hi. (B) Earl Grey Boba?

Staff: お飲み物の他はいかがなさいますか？
(C)?

Sakura: ブルーベリー・チーズケーキも一切れください。
I'd also like a blueberry cheesecake.

Staff: お連れ様は何になさいますか？
What about you, Miss? What would you like?

Sophie: ルード・アウェイクニングを一杯お願いします。
I'd like a cup of Rude Awakening, please.

Staff: かしこまりました。サイズはどうなさいますか？
All right. (D)?

Sophie: スモールサイズをお願いします。それからピーカン・パイを一切れください。
Small, please. And (E).

Rude Awakening

🔊 Audio 2-20

① _____

② _____

③ _____

④ _____

⑤ _____

Questions 1-2 🔊 Audio 2-22

1. **a.** Something to go
   b. Only a drink
   c. A drink and something to eat
2. **a.** Two
   b. Three
   c. Four

10 | Taking a Short Trip to Las Vegas

● ● ● ● サクラとソフィーはラスベガスへ。「眠らない町」では、買い物やショー、名物のビュッフェ、カジノを覗いたり、やりたいことが山ほど。華やかなネオンの煌めきや市街地の喧騒さにちょっぴり飽きてきたら、ドライブがてらレッドロック・キャニオンまで足をのばして大自然の神秘に浸ってもよし、日帰りツアーでアンテロープ・キャニオンやグランド・キャニオンを巡ってもよし、だ。

Listening　Step 1

次の 1 ～ 3 のダイアログについて、三つの単語の音声を聴いてそれらを書き取り、意味が通るように各ダイアログの空所 A ～ C に入れて英文を完成しましょう。

1. **Sakura:** So how long will we be (A) in Las Vegas?
   Sophie: Well, how about two (B)?
   Sakura: That (C) good.

   🔊 Audio 2-23

   _____　_____　_____

2. **Sophie:** There are several (A) to get to Las Vegas.
   Sakura: For (B)?
   Sophie: By rental car, long-distance bus, (C)...

   🔊 Audio 2-24

   _____　_____　_____

3. **Sakura:** How long does it take to (A) from LA to Las Vegas?
   Sophie: About six hours, I think.
   Sakura: I see. Well, time is (B). Let's go by (C).

   🔊 Audio 2-25

   _____　_____　_____

Listening — Step 2

次の 1 ～ 7 の英文の音声を聴いて、（　　）を埋めましょう。次に、各英文の日本語訳を下に与えられている①～⑦から選び、その番号を（　　）に書き入れましょう。

1. Can you (　　　) this $100 (　　　)?　　　　　　　　　　　　　　　　　(　)

2. What is the (　　) (　　) for gambling in your country?　　　　　　(　)

3. Please explain the (　　) (　　) this game to me.　　　　　　　　(　)

4. Las Vegas is known as the "City that (　　) (　　)."　　　　　　　(　)

5. I'm (　　) $10 (　　) this piebald horse.　　　　　　　　　　　　(　)

6. They (　　) (　　) to Hoover Dam.　　　　　　　　　　　　　　　(　)

7. You must be over 21 to gamble (　　) (　　).　　　　　　　　　(　)

① フーバー・ダムに行くことをおすすめします。
② この 100 ドル札をくずしてもらえますか？
③ このゲームのルールを教えてください。
④ カジノでギャンブルするには 21 歳以上でないといけません。
⑤ ラスベガスは眠らない街として知られています。
⑥ あなたの国では何歳から合法的にギャンブルすることができますか？
⑦ このまだら模様の馬に 10 ドル賭けます。

Listening — Step 3

次のダイアログについて、五つの単語の音声を聴いてそれらを書き取り、意味が通るようにダイアログの空所 A ～ E に入れて英文を完成しましょう。次に 1 と 2 の質問の音声を聴き、その答として最も適切なものを a ～ c の中から選びましょう。

On the phone

Sophie: Hello. Do you have any rooms (A) from tomorrow?

Receptionist: What (B) of room would you like?

Sophie: I'm looking for a room for two.

Receptionist: Would you like a twin or a (C) room?

Sophie: A twin room, please. And we want to stay for two nights.

Receptionist: One moment, please. Yes, we have a (D). It's a non-smoking room. Is that OK?

Sophie: That's fine. How much is it?

Receptionist: It's $95 a night, so it'll be $190 for the two nights.

Sophie: Can we pay by (E) card?

Receptionist: Of course. Could I have your name, please?

_____　_____　_____　_____　_____

Questions 1-2 Audio 2-28

1. **a.** A double room　　　**b.** A twin room　　　**c.** Two rooms
2. **a.** $95　　　**b.** $190　　　**c.** $285

Unit **10**

Listening　Step 4

🔊 Audio 2-29

Listening Step 3 の残りのダイアログを聴いて、1 と 2 の質問に対して最も適切な答を a ～ c の中から選びましょう。

1. How much is the shuttle service from the airport?
   a. $30 per person 　　**b.** It's not mentioned. 　　**c.** It's free.

2. What time can Sophie check in at the hotel?
   a. 3:00 p.m. 　　**b.** 2:30 p.m. 　　**c.** Any time

Listening　Step 5

🔊 Audio 2-30

音声を聴いて、次の 1 ～ 5 の英文の応答として最も適切なものをそれぞれ a ～ c の中から選びましょう。

1. Would it be possible to get a room with a better view?
   a. 　　　　**b.** 　　　　**c.**

2. Sorry, we have no bookings in that name.
   a. 　　　　**b.** 　　　　**c.**

3. Can you suggest a good restaurant near the hotel?
   a. 　　　　**b.** 　　　　**c.**

4. When is the swimming pool open?
   a. 　　　　**b.** 　　　　**c.**

5. Which floor is the breakfast buffet on?
   a. 　　　　**b.** 　　　　**c.**

Bacchanal Buffet at Caesars Palace

Listening 🖋 Final Step

次のダイアログについて、①〜⑤の英語の音声を聴いてメモをとり、与えられている日本語の意味に合うようにダイアログの空所 A 〜 E に入れましょう。次に 1 と 2 の質問の音声を聴き、その答として最も適切なものを a 〜 c の中から選びましょう。

In the hotel room 🔊 Audio 2-32

Sakura: ホテル巡りすごく楽しかったね。

(A), wasn't it?

Sophie: ええ、とても！　どのホテルも遊園地みたいだね。

You bet it was! (B).

Sakura: まるで世界一周旅行をしたみたい。

I feel as if (C).

Sakura: そろそろシーザーズ・パレスのバッカナル・ビュッフェに行く時間よね？

(D) Bacchanal Buffet at Caesars Palace, eh?

Sophie: そうよ。もうそろそろ着替えたほうがいいかしらね。

Uh-huh. (E).

Sakura: ベラージオの噴水ショーは 9 時からだからまだだいぶ時間はあるわね。

The Bellagio Fountain Show doesn't start until 9:00 p.m., so we still have lots of time.

Sophie: 心ゆくまでお食事を楽しみましょう。

Let's enjoy dinner to our hearts' content.

Sakura: ええ。

Yes, let's.

🔊 Audio 2-31

① _____

② _____

③ _____

④ _____

⑤ _____

Questions 1-2 🔊 Audio 2-33

1. **a.** On a world tour   **b.** To a theme park   **c.** To several hotels
2. **a.** Before 9:00 p.m.   **b.** At 9:00 p.m.   **c.** After 9:00 p.m.

11 | What's the Matter?

ラスベガスから戻ってきた後、サクラは喉が痛くて体がだるい。食欲もわかず、とうとう発熱。日本から持参した市販の薬を服用したが一向に症状は改善しない。ソフィーの方は運悪く昨日のお昼に食べた生ガキにあたったよう。顔色も悪く腹痛、下痢に嘔吐と苦しそう。今日は二人とも病院へ。体調不良だと途端に心細くなる。早くドクターに診てもらって安心したい。

Listening Step 1

次の 1 ～ 3 のダイアログについて、三つの単語の音声を聴いてそれらを書き取り、意味が通るように各ダイアログの空所 A ～ C に入れて英文を完成しましょう。

🔊 Audio 2-34

1. **Linda:** Sakura, I know you don't feel like eating, but just take a (A).
   Sakura: Thanks, Linda. What is it?
   Linda: Chicken (B) (C).

   _____ _____ _____

🔊 Audio 2-35

2. **Linda:** Do you (A) any better, Sophie?
   Sophie: Not really. I (B) an upset stomach. I threw up all night.
   Linda: Did you (C) any medicine?

   _____ _____ _____

🔊 Audio 2-36

3. **Sophie:** How are you feeling, Sakura?
   Sakura: I'm feeling a little (A). And you?
   Sophie: I'm (B) the (C), too. We'd better go see a doctor.

   _____ _____ _____

Listening Step 2

Audio 2-37

次の 1 ～ 7 の英文の音声を聴いて、（　）を埋めましょう。次に、各英文の日本語訳を下に与えられている①～⑦から選び、その番号を（　）に書き入れましょう。

1. What (　　) you (　　) today?　　　　　　　　　　　（　）
2. Could you (　　) (　　) this patient registration form?　（　）
3. My finger has been (　　) (　　) I sprained it.　　　（　）
4. Have you (　　) been (　　)?　　　　　　　　　　（　）
5. My (　　) (　　) it hard to walk.　　　　　　　　（　）
6. I've been (　　) hard of (　　) lately.　　　　　　（　）
7. I have a (　　) (　　), and it hurts just to swallow.　（　）

① 魚の目が痛くてうまく歩けません。　② 突き指をしたから指が痛みます。
③ 今日はどうなさいましたか？　④ 喉が痛くて唾を飲み込むのも痛いです。
⑤ 患者用の診察問診票に記入して頂けますか？　⑥ 今までに入院されたことはありますか？
⑦ 最近、耳が遠くなりました。

Listening  Step 3

Audio 2-38

次のダイアログについて、五つの単語の音声を聴いてそれらを書き取り、意味が通るようにダイアログの空所 A ～ E に入れて英文を完成しましょう。次に 1 と 2 の質問の音声を聴き、その答として最も適切なものを a ～ c の中から選びましょう。

At a clinic

Doctor: What seems to be the problem today?
Sakura: I woke up this morning (A) chilly and I think I have a fever.
Doctor: Any other (B)?
Sakura: I have a throbbing headache. And my nose is (C).
Doctor: I see. When did the headache start?
Sakura: It started the day before yesterday.
Doctor: Do you have any pain in your back or (D)?
Sakura: Yes. I (E) all over.
Doctor: All right. Let me take a look at you.
Sakura: Yes, please do.

_____ _____ _____ _____ _____

Questions 1-2 Audio 2-39
1. **a.** Since yesterday　　**b.** Since this morning　　**c.** For a few days
2. **a.** head and back, but not joints.
   b. back only.
   c. head, back, and joints.

Listening  Step 4

Listening Step 3 の残りのダイアログを聴いて、1 と 2 の質問に対して最も適切な答を a 〜 c の中から選びましょう。

1. What color are Sakura's tonsils?
   a. Red **b.** Orange **c.** Brown

2. Sakura has a temperature of
   a. 38.3 degrees Celsius.
   b. 38.5 degrees Celsius.
   c. exactly 38 degrees Celsius.

Listening Step 5

音声を聴いて、次の 1 〜 5 の英文の応答として最も適切なものをそれぞれ a 〜 c の中から選びましょう。

1. How can I help you today?
   a.　　　　　　　**b.**　　　　　　　**c.**

2. Have you ever broken a bone?
   a.　　　　　　　**b.**　　　　　　　**c.**

3. Do you have health insurance?
   a.　　　　　　　**b.**　　　　　　　**c.**

4. I've been suffering from diarrhea.
   a.　　　　　　　**b.**　　　　　　　**c.**

5. How many times a day do I take this medicine?
   a.　　　　　　　**b.**　　　　　　　**c.**

Listing 🦴 Final Step

次のダイアログについて、①〜⑤の英語の音声を聴いてメモをとり、与えられている日本語の意味に合うように ダイアログの空所 A 〜 E に入れましょう。次に 1 と 2 の質問の音声を聴き、その答として最も適切なものを a 〜 c の中から選びましょう。

At a pharmacy 🔊 Audio 2-43

Pharmacist: 薬物アレルギーはありますか？

(A)?

Sophie: いいえ。思いつく限りはありません。

No. Not that I know of.

Pharmacist: わかりました。この薬の代わりにジェネリック医薬品はご希望ですか？

OK. Would you like (B)?

Sophie: ええ、お願いします。

Yes, please.

Pharmacist: かしこまりました。お名前が呼ばれるまでこちらでお待ちください。

Okay. Please (C).

Sophie: わかりました。

All right.

Pharmacist: ソフィー・ホワイトさん。こちらがあなたのお薬です。この抗生物質を 1 日 3 回毎食後に 1 週間服用してください。

Sophie White. Here is your medicine. You need to take these antibiotics (D) for a week.

Sophie: この薬は牛乳やお茶で服用してもいいですか？

Can I (E)?

🔊 Audio 2-42

① _____

② _____

③ _____

④ _____

⑤ _____

Questions 1-2 🔊 Audio 2-44

1. **a.** A generic drug **b.** A brand-name drug **c.** A drink
2. **a.** Once a day **b.** Three times a day **c.** Once a week

12 | Renting a Car: Driving Up to San Francisco

すっかり回復したサクラとソフィーは、明日バークリーでダイキとタクミに合流する予定。バークリーはサンフランシスコ近郊にある大学の街。ダイキとタクミはそこにあるダイキの父の知り合いの大きな邸宅でホームステイ中。その邸宅はベッドルームが空いているとのことで、彼女たちもそこで数日間お世話になる。彼女たちは景色のきれいなハイウェイ1でバークリーに向かう。

Listing Step 1

次の 1 ～ 3 のダイアログについて、三つの単語の音声を聴いてそれらを書き取り、意味が通るように各ダイアログの空所 A ～ C に入れて英文を完成しましょう。

On the phone 🔊 Audio 2-45

1. **Clerk:** Hello. George's Car Rental. How may I help you?
   Sophie: Hi. I'd like to rent an (A) car. What's the (B) per day?
   Clerk: One moment, please. We can give you (C) for $78 a day.

   _____   _____   _____

2. **Clerk:** When do you need the car? 🔊 Audio 2-46
   Sophie: About six o'clock this evening. Is (A) all right?
   Clerk: Sure. No (B). I'll have it ready for you by (C).

   _____   _____   _____

On the phone to Daiki 🔊 Audio 2-47

3. **Daiki:** How are you getting up here (A)?
   Sophie: We'll be taking Highway 1 (B) than Interstate 5.
   Daiki: Great. You can enjoy the beautiful (C) on the way.

   _____   _____   _____

Listening  Step 2

次の 1 ～ 7 の英文の音声を聴いて、（　）を埋めましょう。次に、各英文の日本語訳を下に与えられている①～⑦から選び、その番号を　（　）に書き入れましょう。

1. What (　　) of (　　) does it take? 　　　　　　　　　　　　(　　)

2. Could you (　　) it (　　) with regular gasoline, please? 　　(　　)

3. Could I (　　) the (　　) by one more day? 　　　　　　　　(　　)

4. Can I return the car to a (　　) (　　)? 　　　　　　　　　　(　　)

5. Is this the (　　) (　　) to Highway 1? 　　　　　　　　　　(　　)

6. Do you know where the nearest (　　) (　　) is? 　　　　　(　　)

7. Can you (　　) (　　) the driving for a while? 　　　　　　　(　　)

① レギュラーガソリンを満タンにしていただけますか？　② しばらく運転を代わってもらえますか？
③ 違う場所に車を返却することはできますか？　　　　　④ レンタル期間を一日延長することは可能ですか？
⑤ 最寄りのガソリンスタンドはどこかご存知ですか？　⑥ 給油は何を入れますか？
⑦ ハイウェイ 1 はこの道で合っていますか？

Listening Step 3

次のダイアログについて、五つの単語の音声を聴いてそれらを書き取り、意味が通るようにダイアログの空所 A ～ E に入れて英文を完成しましょう。次に 1 と 2 の質問の音声を聴き、その答として最も適切なものを a ～ c の中から選びましょう。

In Linda's living room

Linda: Are you taking Interstate 5 to San Francisco tomorrow?

Sakura: Nope. We're taking Highway 1, the (A) route.

Linda: Sounds good, but it does take longer, as you might know.

Sakura: We're (B) of that. So we're leaving (C) to get there before the sun sets.

Linda: Good idea. By the way, do you need any help packing?

On the phone

Sophie: Hello, Daiki. How are you doing? I was (D) about to call you.

Daiki: Hi. Ah, what time are you getting up here tomorrow?

Sophie: We hope to be there (E) in the afternoon, just before it gets dark.

Daiki: Make sure you give me a call when you get near.

Sophie: You bet I will. Otherwise, we'll get lost getting there.

_____ _____ _____ _____ _____

Questions 1-2 🔊 Audio 2-50

1. a. Interstate 5　　　　**b.** Highway 1　　　　**c.** Both Interstate 5 and Highway 1

2. a. At around 2:00 p.m.　　**b.** At around 5:00 p.m.　**c.** At around 9:00 p.m.

Listening  Step 4

Listening Step 3 の残りのダイアログを聴いて、1 と 2 の質問に対して最も適切な答を a 〜 c の中から選びましょう。

1. Has Daiki been enjoying the Bay Area?
   a. Yes, he has.　　**b.** No, he hasn't.　　**c.** We don't know.

2. How many means of transportation are mentioned?
   a. Two　　**b.** Three　　**c.** Four

Listening Step 5

音声を聴いて、次の 1 〜 5 の英文の応答として最も適切なものをそれぞれ a 〜 c の中から選びましょう。

1. Thank you once again for taking good care of me.
   a.　　　　　　**b.**　　　　　　**c.**

2. Please say hello to your friends in San Francisco.
   a.　　　　　　**b.**　　　　　　**c.**

3. What's the speed limit on this highway?
   a.　　　　　　**b.**　　　　　　**c.**

4. How much longer until we get there?
   a.　　　　　　**b.**　　　　　　**c.**

5. Are we running out of gas?
   a.　　　　　　**b.**　　　　　　**c.**

Cable cars in San Francisco　　　　　　Mr. and Mrs. Henderson's house

Listening Final Step

次のダイアログについて、①～⑤の英語の音声を聴いてメモをとり、与えられている日本語の意味に合うようにダイアログの空所 A ～ E に入れましょう。次に 1 と 2 の質問の音声を聴き、その答として最も適切なものを a ～ c の中から選びましょう。

Catching up in Berkeley 🔊 Audio 2-54

Sophie: ねえ、ダイキ。どうしてた？
Hey, Daiki. (A)?

Daiki: 特に何もないよ。この場所見つけるのは大変だった？
Nothing much. Did you have any trouble getting here?

Sophie: いいえ、ちっとも。あなたがくれた道順がとても分かりやすかったわ。
(B). The directions you gave me were pretty good.

Daiki: じゃあ、ヘンダーソンさんのお宅に行きましょう。
Well, shall we go to Mr. and Mrs. Henderson's house?

At the Hendersons'

Bill: ここまで車でどれくらいかかりましたか？
How long did it take you to drive up here?

Sakura: ハイウェイ 1 で来たので 9 時間ほどかかりました。
It took us about nine hours, on Highway 1.

Bill: なるほど、海沿いの道で来たんですね。景色が良かったでしょ？
Aha! (C). Did you enjoy the view?

Sakura: はい。とてもきれいだったので、途中、写真を撮らずにいられませんでした。
We sure did. It was so beautiful that (D) to take some photos on the way.

Bill: 気持ちはよく分かります。私も以前同じことをしました。
(E). I did the same thing.

🔊 Audio 2-53

① _____

② _____

③ _____

④ _____

⑤ _____

Questions 1-2 🔊 Audio 2-55

1. a. By highway express bus   **b.** By car   **c.** By plane
2. a. Yes, he has.   **b.** No, he hasn't.   **c.** We can't tell.

13 | Sightseeing and Shopping in Fog City

● ● ● ● ● 夏の朝夕に発生する濃い霧から「霧の町」とも呼ばれるサンフランシスコ。サクラとソフィーが滞在しているバークリーから地下鉄で30分ほど。ここは海に囲まれた港町特有の解放感と賑やかで自由で大らかな雰囲気がみなぎる場所。丘や坂道が多いとガイドブックに書いてあったから、彼女たちはスニーカーの紐をしっかり締めて街歩きに備える。さあ、このユニークな街を遊び尽くそう！

Listening Step 1

次の1～3のダイアログについて、三つの単語の音声を聴いてそれらを書き取り、意味が通るように各ダイアログの空所A～Cに入れて英文を完成しましょう。

1. **Sophie:** When (A) this city, I feel like (B) this mellow song.
   Sakura: What song would that be?
   Sophie: 'I (C) My Heart in San Francisco' by Tony Bennett.

   🔊 Audio 2-56

   _____ _____ _____

2. **Daiki:** We're going to Napa Valley today. Would you like to (A)?
   Sophie: Napa Valley? What are you going to do there?
   Daiki: We're taking a (B) of the wine (C).

   🔊 Audio 2-57

   _____ _____ _____

3. **Sakura:** What do you recommend in the way of local (A)?
   Sophie: How about (B) chowder in a sourdough bread bowl?
   Sakura: Whoa! My (C) is watering just thinking about it.

   🔊 Audio 2-58

   _____ _____ _____

Listening Step 2

🔊 Audio 2-59

次の 1 ～ 7 の英文の音声を聴いて、（　　）を埋めましょう。次に、各英文の日本語訳を下に与えられている①～⑦から選び、その番号を（　　）に書き入れましょう。

1. Do you have a (　　　) for this (　　　)?　　　　　　　　　　　（　）

2. What time does the next (　　　) (　　　) for Alcatraz Island?　　（　）

3. About one (　　　) (　　　) visit here every year.　　　　　　　（　）

4. Do you offer a (　　　) (　　　)?　　　　　　　　　　　　　　（　）

5. Would you take a (　　　) (　　　) us?　　　　　　　　　　　　（　）

6. We are on a (　　　) (　　　) in San Francisco.　　　　　　　　（　）

7. What are the (　　　) (　　　) around here?　　　　　　　　　　（　）

① アルカトラズ島行きの次のフェリーは何時に出航しますか？　⑤ この博物館のパンフレットはありますか？
② 学生割引はありますか？　　　　　　　　　　　　　　　　　⑥ この辺りの観光名所はどこですか？
③ ここには毎年およそ 100 万人の観光客が訪れます。　　　　⑦ 私たちの写真を撮って頂けますか？
④ 私たちは観光ツアーでサンフランシスコに来ています。

Listening Step 3

🔊 Audio 2-60

次のダイアログについて、五つの単語の音声を聴いてそれらを書き取り、意味が通るようにダイアログの空所 A ～ E に入れて英文を完成しましょう。次に 1 と 2 の質問の音声を聴き、その答として最も適切なものを a ～ c の中から選びましょう。

Sophie: Where do you want to go first?

Sakura: What are the (A)?

Sophie: Chinatown, Ghirardelli Square, Fisherman's Wharf, Japan Town...

Sakura: What do you say to (B) to Fisherman's Wharf first?

Sophie: I was just thinking about that, too.

At Fisherman's Wharf

Sophie: Let's hang around at Pier 39 and take a (C) at the seafood (D).

Sakura: Hey, Sophie. Look! What a huge crab on that (E)!

Sophie: Yup. It must be a symbol of Fisherman's Wharf.

Sakura: I want to take some pictures of it.

Sophie: You can also take great pictures of the Golden Gate Bridge from here.

_____ _____ _____ _____ _____

Questions 1-2 🔊 Audio 2-61

1. a. Chinatown　　　**b.** Japan Town　　　**c.** Fisherman's Wharf

2. a. A fish　　　　　**b.** A crab　　　　　**c.** The Golden Gate Bridge

Listening  Step 4

🔊 Audio 2-62

Listening Step 3 の残りのダイアログを聴いて、1と2の質問に対して最も適切な答をa～cの中から選びましょう。

1. Where can Sakura have some ice cream?
   a. Pier 33   **b.** Alcatraz Island   **c.** Ghirardelli Square

2. Which place is in the downtown area?
   a. Ghirardelli Square   **b.** Chinatown   **c.** Japan Town

Listening Step 5

🔊 Audio 2-63

音声を聴いて、次の1～5の英文の応答として最も適切なものをそれぞれa～cの中から選びましょう。

1. Can I try this sweater on?
   a.   **b.**   **c.**

2. How much is a whole-day city tour?
   a.   **b.**   **c.**

3. This jacket is a little over my budget.
   a.   **b.**   **c.**

4. Do you have this T-shirt in red?
   a.   **b.**   **c.**

5. Where is the watch section?
   a.   **b.**   **c.**

Union Square

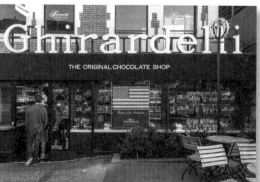

Ghirardelli Square

Listening 🖋 Final Step

次のダイアログについて、①〜⑤の英語の音声を聴いてメモをとり、与えられている日本語の意味に合うようにダイアログの空所 A 〜 E に入れましょう。次に 1 と 2 の質問の音声を聴き、その答として最も適切なものを a 〜 c の中から選びましょう。

Somewhere near Chinatown 🔊 Audio 2-65

Sophie: お土産屋さんを見て回らない？

Why don't we (A).

Sakura: そうね。そろそろ家族や友人にお土産を買わないとね。

Yeah. It's about time to (B).

Sophie: ユニオン広場に行きましょうよ。素敵なお土産屋さんがあるに違いないわ。

Let's go to Union Square. There must be some good gift shops around there.

At a gift shop around Union Square

Sakura: すみません。あちらの商品棚のエコバッグが欲しいのですが。

Excuse me. Could I (C)?

Clerk: かしこまりました。どちらになさいますか？

Sure. Which one do you want?

Sakura: 左から三番目の手前にあるものです。

The (D).

Sophie: ねえサクラ、このヒトデのイヤリングどうかしら？

Sakura, what (E)?

Sakura: すごく素敵ね！　めっちゃ可愛い！

They look great! Super cute!

🔊 Audio 2-64

① _____

② _____

③ _____

④ _____

⑤ _____

Questions 1-2 🔊 Audio 2-66

1. a. Sophie   **b.** Herself   **c.** Friends and family

2. a. The reusable bags   **b.** A pair of earrings   **c.** The stars

14 The Last Day in America

もう、ひと夏の終わり。今夜はサクラとソフィーがバークリーのヘンダーソン邸で過ごすアメリカでの最後の夜。ダイキとタクミはあと数日滞在するらしい。明日のフライトに向けて今晩は早く眠らなきゃ。だけど名残り惜しくて、4人はおしゃべりに花を咲かせる。楽しかったこと、やり残したこと、この次訪れる場所のこと……夜通し語り合うのも旅の醍醐味。

Listening Step 1

次の1～3のダイアログについて、三つの単語の音声を聴いてそれらを書き取り、意味が通るように各ダイアログの空所A～Cに入れて英文を完成しましょう。

1. **Sakura:** I'm so (A) to leave here.
   Sophie: Yeah. It's (B) to say goodbye.
   Daiki: What time is your (C) tomorrow?

   🔊 Audio 2-67

   _____ _____ _____

2. **Sakura:** I'm worried that all my things might not fit in my suitcase.
   Sophie: I'll give you a (A). I'm what is called a "(B) of packing!"
   Sakura: That's very reassuring. What's the (C)?

   🔊 Audio 2-68

   _____ _____ _____

3. **Daiki:** We'll give you a (A) to the airport tomorrow.
   Sophie: Thanks! How (B) of you guys.
   Sakura: It's so kind of you to say (C) a thing.

   🔊 Audio 2-69

   _____ _____ _____

Listening Step 2

Audio 2-70

次の 1 ～ 7 の英文の音声を聴いて、（　　）を埋めましょう。次に、各英文の日本語訳を下に与えられている①～⑦から選び、その番号を（　　）に書き入れましょう。

1. How much do I have to pay for (　　) (　　)?　　　　　　　　　(　)

2. Is there anything (　　) or (　　) in your luggage?　　　　　　(　)

3. The smell of the (　　) (　　) made me homesick.　　　　　　(　)

4. (　　) (　　) to call me anytime.　　　　　　　　　　　　　　(　)

5. Could you (　　) me (　　) here?　　　　　　　　　　　　　　(　)

6. What is the (　　) (　　) Berkeley?　　　　　　　　　　　　　(　)

7. I'm in the middle of (　　) (　　).　　　　　　　　　　　　　(　)

① ここで降ろしてもらえますか？　　　　　② 壊れ物や貴重品は中に入っていますか？

③ いつでも電話してください。　　　　　　④ 今、手が離せないんです。

⑤ 超過料金をいくらお支払いすればよろしいですか？　⑥ 海の潮の香りをかいで故郷が恋しくなりました。

⑦ バークリーの人口はどれくらいですか？

Listening Step 3

Audio 2-71

次のダイアログについて、五つの単語の音声を聴いてそれらを書き取り、意味が通るようにダイアログの空所 A ～ E に入れて英文を完成しましょう。次に 1 と 2 の質問の音声を聴き、その答として最も適切なものを a ～ c の中から選びましょう。

On the phone

Linda:　　So you guys leave here tomorrow, huh?

Sophie:　Right. I'll call you when we arrive in Tokyo.

Sakura:　Linda, thank you so much for your (A).

Linda:　　It's no big (B). Did you enjoy your stay in America?

Sakura:　I sure did. I wish I could stay longer.

Linda:　　I'm so glad to hear that. You'll be busy soon when school starts up again, won't you?

Sophie:　Yup. (C) to second (D) has already begun.

Sakura:　Oh, don't say that. I want to savor my fond memories of this trip.

Linda:　　Hey, Sakura, keep your (E) up! You can always come back again.

Sophie:　That's right.

Linda:　　Actually, I'm planning to visit Japan during the Christmas holidays.

_____　_____　_____　_____　_____

Questions 1-2 Audio 2-72

1. **a.** She'll visit Sakura's house.　　**b.** She'll call Linda.

   c. She'll send a message to her parents.

2. **a.** Next spring　　**b.** This fall　　**c.** This winter

Listening  Step 4

Audio 2-73

Listening Step 3 の残りのダイアログを聴いて、1 と 2 の質問に対して最も適切な答を a ～ c の中から選びましょう。

1. How long will Linda probably stay in Japan?
   a. For a week　　　**b.** For two weeks　　　**c.** For a month

2. Linda will not visit
   a. a hot spring.　　　**b.** a temple.　　　**c.** a sake brewery.

Listening Step 5

Audio 2-74

音声を聴いて、次の 1 ～ 5 の英文の応答として最も適切なものをそれぞれ a ～ c の中から選びましょう。

1. What time will you be getting into Haneda tomorrow?
   a.　　　　　　b.　　　　　　c.

2. Would you like to have another cup of tea?
   a.　　　　　　b.　　　　　　c.

3. How often do you go to the city?
   a.　　　　　　b.　　　　　　c.

4. The traffic is bumper to bumper all the way to the airport.
   a.　　　　　　b.　　　　　　c.

5. Thank you very much for letting us stay at your place.
   a.　　　　　　b.　　　　　　c.

Listening Final Step

次のダイアログについて、①〜⑤の英語の音声を聴いてメモをとり、与えられている日本語の意味に合うようにダイアログの空所 A 〜 E に入れましょう。次に 1 と 2 の質問の音声を聴き、その答として最も適切なものを a 〜 c の中から選びましょう。

In the living room at the Hendersons'   🔊 Audio 2-76

Sophie: 明日、サクラと私は一足先に日本に向けて出発ね。
Tomorrow Sakura and I will (A).

Daiki: そうだね。それにしても僕はこの旅でどれほど身振りに頼らなきゃいけなかったことか！
Yeah. Anyway, you have no idea how much I (B) this time!

Sophie: 私の唯一の心残りはサンフランシスコでケーブルカーに乗れなかったことよ。
The one regret I have is that I didn't have time to ride a cable car in San Francisco.

Takumi: 本当かい？　それは残念だったね。ダイキと僕は鉄道オタクだから明日も何としても乗るつもりだよ。
Oh, really? That's a shame. Daiki and I are train-spotters, (C).

Sophie: 何にせよ、あなたたちのお陰で最高の休暇だったわ。私たちに乾杯！
(D), I had an awesome vacation. Here's to us!

Sakura: この旅に乾杯！　次回はニューヨークでブロードウェイのミュージカルを鑑賞したいな。
(E)! Next time, I'd like to visit New York and see a Broadway musical.

Sophie: それじゃ来年行きましょうよ！
Well then, let's go there next year!

Sakura: 了解。約束しよう！
OK. Let's make it a promise!

🔊 Audio 2-75

① _____

② _____

③ _____

④ _____

⑤ _____

Questions 1-2 🔊 Audio 2-77

1. **a.** Daiki and Takumi   **b.** Sakura   **c.** Sophie
2. **a.** Depart for Japan   **b.** Rely on body language   **c.** Ride a cable car

Step-by-Step Guide to English Listening
英語学習が楽しくなる５ステップ・リスニング

2021 年 4 月 5 日　初版第 1 刷発行

著　　　者　行時 潔／今川京子／Antony J. Parker

発 行 者　森　信久
発 行 所　**株式会社　松柏社**
　　　　　〒102-0072　東京都千代田区飯田橋1-6-1
　　　　　TEL　03 (3230) 4813 （代表）
　　　　　FAX　03 (3230) 4857
　　　　　http://www.shohakusha.com
　　　　　e-mail: info@shohakusha.com

装　　　幀　小島トシノブ（NONdesign）
本文レイアウト　一柳 茂（クリエーターズユニオン）
組　　　版　木野内宏行（ALIUS）
印刷・製本　日経印刷株式会社

略号 = 771
ISBN978-4-88198-771-1
Copyright © 2021 by Kiyoshi Yukitoki, Kyoko Imagawa and Antony J. Parker